Du bist wundervoll

Entdecke deine Essenz

Text und Titelbild
von Beate Hefler

Das Buch:

Das Buch ist eine Einladung an dich, deine wunderbaren Möglichkeiten glücklich und erfüllt zu leben. Ich wünsche dir viel Freude beim Entdecken deiner Essenz, mit Hilfe der Worte ICH BIN. Du bist wundervoll!

Die Autorin:

Seit 2005 bin ich als freischaffende Künstlerin und Autorin tätig.
Weitere Informationen finden Sie unter:
www.beate-hefler.de

Du bist wundervoll

Entdecke deine Essenz

Text und Titelbild
von Beate Hefler

Impressum

Text Copyright © 2019 by Beate Hefler
Titelbild Copyright © 2019 by Beate Hefler
Layout: Copyright © 2019 by Beate Hefler
Covergestaltung: Copyright © 2019 by Beth Fischer

ISBN 978-3-7494-3124-3

Herstellung und Verlag: Books on Demand GmbH,
Norderstedt

Bibliografische Information der Deutschen Bibliothek:

Die Deutsche Bibliothek verzeichnet diese Publikation in der
Deutschen Nationalbibliografie; detaillierte bibliografische
Daten sind im Internet über <http://dnb.ddb.de> abrufbar.

Liebe Leserin, lieber Leser,

dies ist ein sehr persönliches Buch, weil ich hier meine bereicherernste Erkenntnis mit Ihnen teile. Ich wünsche mir von ganzem Herzen, dass dieses Buch ein Geschenk für Ihr Leben sein darf. Mögen diese Wortschwingungen Sie unterstützen auf Ihrem persönlichen Weg in Ihre ureigene Kraft.

So wendet sich nun mein Herz an Ihr Herz, in der Gewissheit, dass wir stets mit allem was ist verbunden sind. Mein Lebensweg ist geprägt vom tiefsten Wunsch meiner Seele glücklich, erfüllt, geliebt, gesund und authentisch, in Harmonie mit dem Leben und den Menschen zu sein. Darunter verstehe ich als bewusste SchöpferIn, ein Dasein voller Freude, Liebe, Leichtigkeit und Fülle zu erschaffen. Diesem Wunsch widersprach mein tägliches Leben, als Opfer der Umstände. Es überwogen Gefühle von Schmerz, Trennung, Traurigkeit, Einsamkeit und Schwere.

So machte ich mich auf die Suche nach einem Heilmittel, um in mein ersehntes Lebensgefühl zu gelangen.

Zuerst begann ich die Menschen die mir im Alltag begegneten zu beobachten und mich mit ihnen zu unterhalten. Dabei erkannte ich, dass sie selbst Suchende sind.

Im zweiten Schritt erhoffte ich mir, durch die Lebensweisheit in Lehren, Methoden oder Büchern fündig zu werden. Tatsächlich wurden hier Mittel und Wege beschrieben, wie es gelingen kann, Veränderungen in seinem Leben herbeizuführen. Je tiefer ich in dieses Thema eintauchte, umso mehr wurde mir klar, was die eine Lehre guthieß, lehnte die nächste Lehre ab.

Offenbar gibt es so viele unterschiedliche Mittel, Wege und Widersprüche wie es Menschen gibt. Die Erkenntnisse werden von Lehrern weitergegeben und in jeder Lehre schwingt auch der Lehrer mit, da er die Information aus seinem persönlichen Blickwinkel übermittelt.

Zeigte sich mir ein möglicher Weg in den Lehren, Methoden oder durch meine „Vorbilder", so begann ich gleich mit nötigen Maßnahmen. Irgendwann kam dann jedes Mal der Punkt, an dem mein Alltag meine ungeteilte Aufmerksamkeit forderte. Von diesem Augenblick an, übernahmen dann wieder die unterbewussten Gewohnheiten das Ruder und die neuen Alternativen und Sichtweisen verlor ich wieder aus meinen Augen.

Rückblickend kann ich sagen, die ganze Zeit auf der Suche nach etwas gewesen zu sein, das ich meinem Leben oder mir hinzufügen konnte, um dann mit diesem erhofften Zugewinn endlich heil und erfüllt leben zu können.

Die Erde ist ein Ort der unbegrenzten Vielfalt. Daraus versuchte ich die richtige Möglichkeit für mich zu finden. So wollte ich mehr Freude, Fülle und Leichtigkeit in mein Leben bringen. Derart beflügelt hätte ich dann endlich mehr als genug Energie zur Verfügung, um in Übereinstimmung mit meinen Wünschen und Werten zu handeln und nicht nur um zu „überleben". Die Versuche scheiterten jedoch ausnahmslos. Sie brachten mir teilweise kleine Erfolge und forderten im Gegenzug von mir einen großen Teil meiner Aufmerksamkeit und Zeit. Von müheloser Leichtigkeit und unbändiger Lebensfreude keine Spur.

Vor ein paar Tagen stieß ich „zufällig" auf das Bibelzitat (Mose 3,14): Da sprach Gott zu Mose: „Ich bin, der ich bin." Catherine Ponder widmet in ihrem Buch „Die dynamischen Gesetze der Heilung" ein Kapitel diesen biblischen Worten ICH BIN. Sie weist darauf hin, dass in diesen Worten eine stärkende und schöpferische Wirkung liegt.

So begann ich diese Worte ICH BIN auf mich wirken zu lassen. Sie erschienen mir so unscheinbar und unbedeutend.

Welche Kraft sollte in zwei kurzen und alltäglich gebrauchten Worten liegen? Nachdem sich durch bloßes Nachdenken keine Wirkung einstellte, begann ich wie empfohlen, die Worte mit Bedacht auszusprechen. Und siehe da, ich merkte wie sich in mir etwas zu regen begann. Es setzte sich in Bewegung ähnlich einem Stein, den man ins Wasser wirft und der dann beginnt, eigenständig Kreise zu ziehen. Erst kleine, dann immer größere Kreise. Ich begann aus vollem Herzen zu lachen und fühlte mich in meine Kindertage zurückversetzt. Da war mein Leben ein einziges, unbegrenztes Abenteuer, frei von Angst und Sorge. In mir begann sich ruhige, starke, klare, gelassene, liebevolle Kraft auszubreiten. Ich fühlte mich so glücklich und frei.
Die Worte wiederholte ich mehrere Minuten lang. Begannen sich Zweifel in mir zu regen, während ich ICH BIN sprach, dann wiederholte ich beim nächsten Mal ICH BIN und wählte das zusätzliche Wort Vertrauen. Dann lauschte ich wieder nach innen. Es wurde wieder ruhig und gelassen in mir. Ich dachte erneut ICH BIN, entweder nur diese beiden Worte oder mit einem zusätzlichem positivem Begriff, je nachdem welchen Impuls ich in mir fühlte. Kam z. B. beim Denken ICH BIN, ICH BIN, ICH BIN, der Gedanke, das schaffe ich nicht, in meinem Sinn, so dachte ich beim nächsten ICH BIN,

ICH BIN ZUVERSICHT. Nach wenigen Minuten bemerkte ich, dass ich mich frischer, klarer und voll inner Ruhe und Gelassenheit fühlte. Wie bei einem erfrischenden Spaziergang in der morgendlichen Natur.

Seither nehme ich mir jeden Tag, mindestens sieben bis zehn Minuten Zeit, um mich bewusst mit meiner inneren Kraft zu verbinden, indem ich ICH BIN rezitiere.

Dabei stellte ich erstaunt fest, beginne ich ICH BIN zu denken und diesen Worten nachzulauschen, dann fühle ich, wie eine Verbindung zu meiner Essenz entsteht. Diese meine Essenz tritt dann direkt in Kontakt mit dem all-einen Potential (nenne es Gott, bedingungslose Liebe, Leben, Urkraft, Schöpfung oder Universum).

Dieses große Ganze, all-eine Potential ist uns immer und ausnahmslos positiv gesonnen. Durch diesen Einklang meiner Essenz (Seele) mit dem all-einen Potential, bin ich wieder mit der bedingungslosen Liebe verbunden: Diese ist die Quelle des reinen Potenzials. Aus diesen unendlichen Möglichkeiten schöpft sie, in dem sie diese in Betracht zieht und dann ergreift. So geschieht Schöpfung, bzw. Entfaltung. Die Worte ICH BIN sind für mich ein kraftvoller Schlüssel und Motor zugleich, um die gewünschte Realität in unserem Leben zu erschaffen.

Ich fühlte, wie in mir eine innere Ruhe und Gelassenheit zu wachsen begann und sich mein Bewusstsein erweiterte. Plötzlich wurde mir klar, dass sich alles Gewünschte bereits in mir als Samenkorn befindet, ich brauche es nur auswählen. Ich war schon immer heil und vollkommen in meiner Essenz. Wenn ich eine Möglichkeit als Wahl in Betracht ziehe, dann pflanze ich dieses Samenkorn in die Erde. Meine Gefühle und Gedanken sind das Gießwasser. Meine Handlungen sind vergleichbar mit dem Gießen und Pflegen meiner Beete bzw. Setzlinge. Das Sonnenlicht für meine Wirklichkeitspflanze ist die göttliche Gnade. Ist die Zeit für einen gesetzten und gepflegten Wunschsamen gekommen, so taucht er plötzlich und zur stimmigen Zeit aus der unsichtbaren Dunkelheit auf. Nun wächst und gedeiht er für uns sichtbar weiter als „Realität".

Dadurch, dass ich den Blick die meiste Zeit auf meine Umwelt und ihre Bedürfnisse gerichtet hatte, verlor ich mich selbst aus den Augen, so dass meine Probleme und mein Unwohlsein begannen. Je mehr ich mich um Abhilfe in der Außenwelt bemühte, umso turbulenter wurde es in meinem Inneren. Jetzt weiß ich auch, warum dies so ist, weil ich mein Leben aus dem Kopf entwickelt habe und mein Herz und meine Seele, die Zentren meines Wohlgefühls, einfach ignorierte. Darüber wurde ich ganz unsicher, wer ich wirklich bin und was mich ausmacht.

Als ich dies erkannte, bekam ich Angst nie wieder aus dieser Verwirrung und Verirrung herauszufinden, denn ich hatte schon solange meinen eigenen Weg verlassen und wusste nicht mehr genau, wann und wo. Ich fühlte mich gefangen in meinem eigen erbauten Labyrinth.

So suchte ich mir immer wieder Hilfe im Außen, doch diese Hilfe war immer nur begrenzt. Meine Antworten zu all meinen Fragen waren schon immer in mir, ohne dass ich es bemerkt hatte. Ich konnte sie nicht finden, da ich immer im Außen suchte statt in mein Inneres zu schauen. Alles beginnt mit **ich bin** für einen Menschen. Mit einer Rolle. **Ich bin** ein Junge oder ein Mädchen, **ich bin** groß, oder **ich bin** dünn, **ich bin** Fußgänger, **ich bin** Tänzerin, **ich bin** Angler, **ich bin** Mutter, **ich bin** Pilot, **ich bin** krank, **ich bin** gesund, **ich bin** verletzt, **ich bin** glücklich, **ich bin** Briefmarkensammler, usw. Also alles beginnt mit **ich bin**....

Ich bin ist also etwas wie ein Schlüssel, den ich ins Schloss stecke und dann kommt etwas in Gang, da ich mich immer mit dem Wort bzw. Gedanken hinter ICH BIN identifiziere. Normalerweise geschieht dies unbewusst im Alltag und durch die „erlernten" Konditionierungen häufiger mit einem negativem „Vermerk" hinter ICH BIN als mit einem positivem.

Sage ich ICH BIN, so ist dies ein Ausgangspunkt um mich wahrzunehmen. ICH BIN meint ich existiere, also **bin ich**. Ich erschaffe alles mit dem gefühlten Gedanken ICH BIN. ICH BIN ist die gebündelte Kraft, das reine Potential, ganz wertneutral ohne eine spezielle Formgebung.

Würde ein Tropfen im Ozean ich ICH BIN denken, so könnte er sich gleichzeitig als einzelner Wassertropfen in einem großen Wasserverband genannt Ozean erkennen.

Ein Individuum kann sich durch die Folgeworte nach ICH BIN in eine unendliche Anzahl in Rollen und Verkleidungen hineinbegeben und so das Leben aus den unterschiedlichsten Blickwinkeln erleben. Dabei gibt es Blickwinkel die unser Leben bereichern. Dieser Blickwinkel sieht mit den Augen der bedingungslosen Liebe, denn das all-eine Potential (nenne es Gott oder bedingungslose Liebe, Leben, Urkraft, Schöpfung oder Universum), ist bedingungslose Liebe. Bedingungslose Liebe bedeutet, sie sagt immer ja, zu allem was du sagst oder tust.

Sagst du ICH BIN WERTVOLL, so antwortet das Leben ja und du fühlst dich wohl dabei, weil die bedingungslose Liebe dir - ohne wenn und aber - immer zustimmt und so kreierst du deine Erlebnisse, deine Gefühle, deine Begegnungen, dein Wohlgefühl, kurzum so erschaffst du dir deine Welt.

Sagst du ICH BIN UNBEDEUTEND, so antwortet das Leben ja und du fühlst dich unwohl dabei, weil die bedingungslose Liebe dir ohne wenn und aber antwortet; so erschaffst du dir unbewusst eine Welt, die dich eher klein zu halten scheint. Jedoch ist es nicht das Leben, das dir dies antut, sondern deine dich begrenzenden Worte nach ICH BIN SCHULD. Das all-eine Potential (nenne es Gott oder bedingungslose Liebe, Leben, Urkraft, Schöpfung oder Universum), wertet und beurteilt nicht. Es stimmt immer zu. Das Leben kannst du dir auch wie ein Navigationsgerät vorstellen, wenn du als Ziel Rom eingibst, dann kannst du dir sehnsüchtig wünschen, dass du in Frankreich landest und das Navi die Route eigenständig ändert. Doch, das wird und kann es nicht, du wirst also unweigerlich in Rom landen, außer du änderst selbst die Eingabedaten im Navi, indem du statt Rom z.B. Paris eintippst. Dies bedeutet, wenn du denkst ICH BIN SCHULD, dann wirst du dich schuldig statt wie gewünscht frei fühlen. Es ist da ein Widerspruch zwischen der Schwingungsfrequenz deines Gedankens und deines

Gefühls. Und der Gedanke ist der Auslöser für dein Folgegefühl. Schwingt dein Gedanke niedrig (z.B. negativ beladen), dann kommst du nicht auf die höhere Schwingungsebene eines Gefühls, das dich gut fühlen lässt. Solltest du dich im Moment nicht so fühlen, wie du es gern hättest, solltest du etwas in deinem Leben ändern wollen und nicht wissen wie, vertraue dich dir und deiner Essenz an. Wage es mit ihr wieder verstärkt Verbindung aufzunehmen, du musst nicht wissen, wie es weitergeht, wie sich alles entwickeln soll, der Schlüssel ist das ICH BIN
(= reines Potential).

Gerne möchte ich dir sagen: egal, wo du im Moment in deinem Leben gerade stehst oder wie du dich im Augenblick fühlst, du kannst dich Stufe für Stufe immer besser fühlen, wenn du im Einklang mit allem was ist, schwingst.
Deshalb mache jeden Tag einen Termin mit dir und triff dich ganz bewusst mit deinem ICH BIN und erfülle dich so mit Liebe zu dir, zum Leben und allem, was ist.
Ich habe begonnen, über diese schlichten und zugleich magischen Worte ICH BIN einen Weg zu mir und meiner Kraft zu finden, deshalb habe ich dieses Buch für dich und mich geschrieben. Diese Buchseiten habe ich mit

wohlwollenden, stärkenden ICH BIN Botschaften angefüllt, die mich inspiriert haben. Du kannst die Seiten nacheinander betrachten und auf dich wirken lassen, oder du öffnest intuitiv eine Seite und lässt z.B. die Schwingung der „zufällig" aufgeschlagenen Worte ICH BIN WUNDERVOLL auf dich über deine Sinne wirken. Du siehst sie mit deinen Augen, dann sagst du sie laut oder denkst sie im Stillen und du wirst bemerken, wie diese Schwingung mit deinem innersten Kern bzw. deiner Seele und mit deinem Herzen in Resonanz geht. Deine Essenz freut sich so sehr darauf, dass du mit ihr nun Zeit verbringst. Sie wird dich dadurch belohnen, dass sie dir offenbart, welche WUNDER in dir sind. ICH BIN WUNDERVOLL, ICH BIN WERTVOLL, ICH BIN FÜLLE, ICH BIN DANKBARKEIT, ICH BIN LIEBE, ICH BIN EWIG, ICH BIN...

Liebe Leserin, lieber Leser, ich wünsche Dir viel Freude mit diesem Buch und möge es Dich bereichern auf Deinem Weg.
ICH BIN - DU BIST - WIR SIND - ALL-EINS

ICH BIN

ALL-EINS

ICH BIN

Ausdauer

ICH BIN

authentisch

ICH BIN

Baum

ICH BIN

Bewegung

ICH BIN

Brücke

ICH BIN

bunt

ICH BIN

Dankbarkeit

ICH BIN

Demut

ICH BIN

ICH BIN

einzigartig

ICH BIN

Empathie

ICH BIN

Empfängerln

ICH BIN

Energie

ICH BIN

Entfaltung

ICH BIN

erfolgreich

ICH BIN

Erneuerung

ICH BIN

ICH BIN

Farbe

ICH BIN

Freiheit

ICH BIN

Freude

ICH BIN

Freundlichkeit

ICH BIN

Frieden

ICH BIN

ICH BIN

Geborgenheit

ICH BIN

Geduld

ICH BIN

Gefühle

ICH BIN

Geschenk

ICH BIN

geliebt

ICH BIN

Glück

ICH BIN

Gnade

ICH BIN

Gras

ICH BIN

grenzenlos

ICH BIN

Güte

ICH BIN

ganz

ICH BIN

gesund

ICH BIN

gemeint

ICH BIN

GewinnerIn

ICH BIN

herzlich

ICH BIN

Bewußtsein

ICH BIN

himmlisch

ICH BIN

Hoffnung

ICH BIN

Humor

ICH BIN

ICH

ICH BIN

individuell

ICH BIN

Klang

ICH BIN

Klarheit

ICH BIN

Kreativität

ICH BIN

Lachen

ICH BIN

Leben

ICH BIN

Kraft

ICH BIN

Licht

ICH BIN

Liebe

ICH BIN

Ozean

ICH BIN

Melodie

ICH BIN

Möglichkeit

ICH BIN

Mut

ICH BIN

ICH BIN

Potential

ICH BIN

Regen

ICH BIN

Regenbogen

ICH BIN

Reichtum

ICH BIN

Rhythmus

ICH BIN

Schönheit

ICH BIN

Schöpferln

ICH BIN

Schöpfung

ICH BIN

Schwingung

ICH BIN

Seele

ICH BIN

ICH BIN

SenderIn

ICH BIN

beschützt

ICH BIN

Spiegelbild

ICH BIN

Spiritualität

ICH BIN

Stärke

ICH BIN

Stein

ICH BIN

Stille

ICH BIN

Erfahrung

ICH BIN

sympathisch

ICH BIN

ICH BIN

Tanz

ICH BIN

Überraschung

ICH BIN

unendlich

ICH BIN

Urvertrauen

ICH BIN

Veränderung

ICH BIN

Verbundenheit

ICH BIN

Vergebung

ICH BIN

Vertrauen

ICH BIN

Vielfalt

ICH BIN

vollkommen

ICH BIN

Wachstum

ICH BIN

Wandel

ICH BIN

Wärme

ICH BIN

ICH BIN

Weisheit

ICH BIN

Weite

ICH BIN

Wertschätzung

ICH BIN

wertvoll

ICH BIN

Wind

ICH BIN

ICH BIN

Wohlstand

ICH BIN

Wohlwollen

ICH BIN

Wolke

ICH BIN

wunderbar

ICH BIN

zeitlos

ICH BIN

Zyklus

ICH BIN

Segen

ICH BIN

das ICH-BIN

Einige meiner veröffentlichten Bücher:

Die kleine Seele verreist - Lebensreise -
ISBN Nr. 978-3842348066

Reiherflug - Seelenverbindung
ISBN Nr. 978-3734743443

Die einbeinige Möwe - Seelenmalerei
ISBN Nr. 978-3833466199

Sternenstaub im Gezeitenmeer - Seelenfens-er
ISBN Nr. 978-3839112748

Die Tränen der Steine
ISBN Nr. 978-3844265705

Seegespräche – Herzensverbindung
Kraftort Baggersee Ingolstadt
ISBN Nr. 978-3844280708

Bereit sein - das Leben in all seiner Fülle zu wagen
ISBN Nr. 978-3844252651

Engel ohne Flügel
ISBN Nr. 978-3844268768

Kleinigkeiten am Wegesrand Spotlight I
ISBN Nr. 978-3741802485

Schmerz - verbundenes Herz Spotlight II
ISBN Nr. 978-3741815485

Fülle - folge dem Lebensfluss Spotlight III
ISBN Nr. 978-3741824418

Spurensuche – Seelenflügel
ISBN 978-3-7460-3368-6

Haben Sie einen blauen Dunst? Macht Rauchen frei?
ISBN 978-3-7448-0241-3

Diese Bücher können Sie über mich oder im Buchhandel
erwerben.

Weitere Informationen finden Sie unter:
www.beate-hefler.de